Tonio Kröner

Aus der Reihe: e-fellows.net stipendiaten-wissen

e-fellows.net (Hrsg.)

Band 277

Cyberterrorismus - Definition, Arten, Gegenmaßnahmen

Tonio Kröner

Aus der Reihe: e-fellows.net stipendiaten-wissen

e-fellows.net (Hrsg.)

Band 277

Cyberterrorismus - Definition, Arten, Gegenmaßnahmen

GRIN Verlag

Bibliografische Information der Deutschen Nationalbibliothek: Die Deutsche Bibliothek verzeichnet diese Publikation in der Deutschen Nationalbibliografie; detaillierte bibliografische Daten sind im Internet über http://dnb.d-nb.de/ abrufbar.

1. Auflage 2011
Copyright © 2011 GRIN Verlag GmbH
http://www.grin.com
Druck und Bindung: Books on Demand GmbH, Norderstedt Germany
ISBN 978-3-656-02818-5

Seminarausarbeitung

Cyberterrorismus

vorgelegt von

Tonio Kröner

24.März 2011

Inhaltsverzeichnis

1 Einleitung

Im Juni 2010 kam ans Licht, dass der Computerwurm Stuxnet iranische Atomanlagen befallen hatte und dabei lange Zeit unbemerkt die Steuerungssysteme der Anlagen beeinträchtigte (vgl. Wilkens, 2010). Dies stellt den bisherigen Höhepunkt einer Vielzahl von Vorfällen dar, die auf drastische Art und Weise zeigen, wie anfällig die weltweite IT-Infrastruktur für gezielte Angriffe ist. Der potentielle Schaden, den Attacken auf kritische Infrastrukturen anrichten können, ist enorm. Es liegt dementsprechend nahe, dass sich auch Terroristen mit diesen Sicherheitslücken beschäftigen, und versuchen werden diese auszunutzen, um ihre Ziele durchzusetzen.

„Cyberangriffe stehen auf einer Ebene mit einem Raketenangriff" (Heath & Beiersmann, 2008), unterstreicht auch Suleyman Anil, Leiter des Nato-Zentrums für IT-Sicherheit, die Bedrohung durch derartige Attacken. Wenngleich es bisher keine gravierenden Angriffe gab, die von Terroristen mit Hilfe von IT ausgeführt wurden, muss man sich der Gefahr durch Cyberterrorismus bewusst sein.

Dadurch, dass nahezu unser gesamtes gesellschaftliches Leben von einer funktionierenden IT-Infrastruktur abhängt, ist die Sicherheit dieses Netzwerkes von entscheidender Bedeutung für die Sicherheit eines Landes. So meint auch die ehemalige US-Außenministerin Condoleezza Rice über die IT-Infrastruktur: „The breakage of these networks may paralize the whole country" (zit. n. Czerpak, 2005). Entsprechend reizvoll sind solche „virtuellen Ziele" auch für Terroristen.

In der Arbeit soll zunächst eine genaue Definition und Abgrenzung des Begriffs Cyberterrorismus erörtert werden. Darauf aufbauend soll der Frage nachgegangen werden, in welchen Formen Cyberterrorismus auftreten kann und wie real die Gefahr tatsächlich ist. Abschließend wird ein Überblick über die Gegenmaßnahmen gegeben, die auf internationale Ebene gegen Gefahren aus dem Cyberspace auf den Weg gebracht wurden.

2 Definition und Abgrenzung

Der Begriff Cyberterrorismus ist noch jung, und so existiert keine eindeutige Definition. Um das Thema zu diskutieren, ist es jedoch wichtig eine Abgrenzung des Begriffs vorzunehmen. Vornehmlich US-amerikanische Behörden haben sich bislang mit der Thematik auseinandergesetzt, dabei jedoch zum Teil unterschiedliche Definitionen erarbeitet.

2.1 Definition

Im Folgenden soll die Definition von Keith Lourdeau vom FBI zu Grunde gelegt werden, um das dieser Arbeit zu Grunde liegende Verständnis des Begriffs Cyber-Terrorismus zu erarbeiten.

> *"Cyberterrorism is a criminal act perpetrated by the use of computers and telecommunications capabilities, resulting in violence, destruction and/or disruption of services, where the intended purpose is to create fear by causing confusion and uncertainty within a given population, with the goal of influencing a government or population to conform to a particular political, social or ideological agenda"* (Lourdeau, 2004).

Diese Definition zeigt, dass unter Cyberterrorismus nicht ausschließlich Angriffe zu verstehen sind, die direkt Menschenleben in Gefahr bringen. Stattdessen ist es als Ziel von Terroristen zu verstehen Angst zu erzeugen und somit an Macht zu gewinnen. Dies kann auf verschiedenste Arten geschehen, sei es durch einen gezielten Angriff auf Menschenleben, oder aber das Lahmlegen oder Beeinträchtigen wichtiger Dienste (zum Beispiel das Stromnetz).

Gleichzeitig zeigt Lourdeaus Definition jedoch auch, dass nicht alle IT-gestützen Aktivitäten von Terroristen als Cyber-Terrorismus zu bezeichnen sind. Daher gilt es, den Begriff klar abzugrenzen

2.2 Abgrenzung des Begriffs

Cybercrime wird als Oberbegriff für Straftaten im Internet verwendet und ist dabei sehr allgemein gehalten. So definiert Symantec Cybercrime als

„jedes Verbrechen, das mit Hilfe eines Computers, Netzwerks oder Hardware-Geräts begangen wird. Der Computer oder das Gerät ist möglicherweise der Agent, der Vermittler oder das Ziel des Verbrechens. Das Verbrechen kann auf einem Computer, oder an mehreren Orten gleichzeitig begangen werden" (Symantec, o. J.).

Die häufigste Einsatz von Cybercrime ist in der Wirtschaftskriminalität zu sehen und so fallen vor allem Phising, sowie Bank- und E-Commerce-Betrug in diesen Bereich (vgl. Symantec, o. J.).

Der Begriff des Cyberterrorismus bezeichnet auch Straftaten im Internet, ist dabei jedoch deutlich genauer eingegrenzt. Wie aus der Definition von Lourdeau hervorgeht, muss die Tat politisch, sozial oder ideologisch motiviert sein und zudem darauf ausgerichtet sein Angst oder physischen Schaden zu verursachen. Daher fallen viele Aspekte nicht unter den Begriff Cyberterrorismus, wenngleich dies in den Medien oft so dargestellt wird. Hierzu zählen Kommunikationsstrukturen von Terroristen, sowie Wirtschaftsbetrug über das Internet zur Geldbeschaffung für terroristische Organisationen. Ebenso sind sämtliche Handlungen aus dem Bereich Cybercrime, die nicht terroristisch motiviert sind, von Cyberterrorismus abzugrenzen.

3 Varianten von Cyber-Terrorismus

Terroristen können IT auf verschiedene Arten einsetzen, um ihre Ziele zu verfolgen. Im Folgenden sollen die verschiedenen Varianten unterschieden und erläutert werden.

3.1 Verbreitung von Propaganda im Internet

Nach der Definition von Lourdeau ist es als entscheidendes Kriterium von Cyber-Terrorismus zu sehen, dass IT zur Erzeugung von Gewalt oder Angst genutzt wird. Somit fallen im Internet gezeigte Propagandavideos durchaus unter diesen Begriff.

Videos solcher Art, die öffentlich zugänglich sind, können Angst in der Bevölkerung erzeugen und dadurch Terroristen Macht verschaffen. Es ist hierbei jedoch klar zwischen öffentlich zugänglichen Medien und internen Videos oder Dokumenten zu unterscheiden. Interne Lehrvideos oder Kommunikationsstrukturen, fallen nicht unter den Begriff Cyber-Terrorismus.

Es gibt verschiedene Beispiele, wie sich Terroristen die Öffentlichkeit des Internets zu Nutze machten, um ihre Propaganda medienwirksam zu inszenieren. Im Mai 2004 wurde der amerikanische Geschäftsmann Nicholas Berg vor laufender Kamera brutal ermordet. Das Video wurde anschließend auf einer militanten islamischen Website gepostet. Es zeigt wie Berg, der sich zunächst selbst identifiziert, von fünf maskierten Männern der Kopf abgeschlagen wird. Vor dieser Tat verlesen die Männer eine Erklärung, in der sie die Tat als Racheaktion für die Folterung irakischer Gefangener durch US-Soldaten in einem Gefängnis bezeichnen (vgl. FBI National Press Office, 2004; DPA/AP, 2004).

Im Jahr 2005 bekannten sich die selbsternannten „Jihad Brigaden in Palästina" zu einem Anschlag auf eine Siedlung in Gaza, indem sie auf einem deutschen Server ein Video veröffentlichen. Dieses zeigt, wie Mitglieder dieser Gruppe eine Rakete bereitmachen und anschließend abfeuern (vgl. Stohl, 2007, S.9). Es gibt viele weitere Beispiele von im Internet veröffentlichen Videos von terroristischen Organisationen, wie die Enthauptung des Journalisten Daniel Pearl (vgl. Stohl, 2007, S.9) oder die Botschaften von Osama Bin Laden (vgl. AP, 2007).

Solche Videos sollen den Terroristen ganz offensichtlich dazu dienen, Angst zu schüren und ihren ideologischen Zielen Ausdruck zu verleihen. Das Internet stellt hierzu eine nahezu optimale Plattform dar, wie auch Stohl deutlich macht: „The web thus enables sometimes previously anonymous groups to establish a presence and perhaps exploit their activities far beyond the impact of previous terrorist organizations with far less danger" (Stohl, 2007, S.9). Und auch Thomas stellt fest: „In effect, the internet allows a person or group to appear to be large or more important or threatening than they really are" (zit. n. Stohl, 2007). Videos dieser Art kreieren eine Art „virtuelle Angst" (zit. n. Stohl, 2007) und können die Macht einer terroristischen Gruppierung unterstreichen oder sogar größer erscheinen lassen, als sie eigentlich ist. Sie werden medienwirksam über das Internet publiziert, üben dementsprechend psychische Gewalt aus, und sind damit als eine Form des Cyberterrorismus zu zählen.

3.2 Angriffe auf kritische Infrastruktur

Neben der bisher erläuterten Form des Cyber-Terrorismus, die dazu dient Angst zu erzeugen, müssen auch direkte Angriffe von Terroristen auf kritische Infrastrukturen in Betracht gezogen werden. Nahezu alle größeren Industrieanlagen sind heut zutage computergesteuert. Sogenannte Process Control Systems (PCS) dienen dazu Anlagen verschiedenster Art sicher, zuverlässig und effizient zu steuern. Auch kritische Infrastrukturen wie zum Beispiel Atomkraftwerke werden über solche Systeme gesteuert. Diese sind also als potentieller Angriffspunkt für Terroristen anzusehen (vgl. Chu, Deng, Chao, & Huang, 2009, S.8). Von einigen solcher Systeme hängt die Stabilität und Sicherheit unserer Gesellschaft ab. Die potentiellen Angriffsszenarien können dabei noch einmal in zwei Untergruppen untergliedert werden: Zum einen Angriffe mit dem Ziel direkt Menschenleben in Gefahr zu bringen, zum anderen Angriffe mit dem Ziel wirtschaftlichen oder gesellschaftlichen Schaden anzurichten.

Auf welche Art und Weise Fehlfunktionen von computergesteuerten Systemen Menschenleben in Gefahr bringen können, hat sich in der Vergangenheit bereits gezeigt. Im November 2008 starben 20 Menschen an Bord eines russischen U-Boots wegen einer Fehlfunktion des Sicherheitssystems. Das Brandschutzsystem hatte fälschlicherweise ein sauerstoffentziehendes Gas in das U-Boot gepumpt, wodurch die Crew-Mitglieder erstickten. Solche oder ähnliche Szenarios könnten auch absichtlich von Cyberterroristen ausgelöst werden, indem sie entsprechende Computersysteme attackieren und eine Fehlfunktion herbeiführen (vgl. Chu, Deng, Chao, & Huang, 2009, S.8). Auch in unserem alltäglichen Leben gibt es Computersysteme die bei einer Fehlfunktion Menschenleben in Gefahr bringen könnten. Hierzu sind beispielsweise Atomkraftwerke, Notrufzentralen oder Flugkontrollsysteme zu zählen.

Um derartige Angriffe auf kritische Infrastrukturen umzusetzen, könnten Terroristen auf verschiedene gängige Techniken der Internetkriminalität zurückgreifen. Diese sollen nun kurz erläutert werden.

Ein Virus ist ein Computerprogramm, welches so konzipiert ist, dass es sich von Computer zu Computer weiterverbreitet, wenn von ihm Befallene Dateien geöffnet werden. Er hat das Ziel die Leistung eines Computers deutlich zu beeinträchtigen, oder sogar zu einem Systemabsturz und möglicherweise zu Datenverlust zu führen. Das gleiche Ziel verfolgt ein Wurm, der sich jedoch auch verbreitet, ohne das

kontaminierte Dateien geöffnet werden (vgl. Chu, Deng, Chao, & Huang, 2009, S.5). Diese beiden Techniken könnten von Terroristen verwendet werden, um IT-Systeme zu befallen, die zum Betrieb kritischer Infrastrukturen dienen und diese möglicherweise zum Absturz zu bringen oder so zu beeinträchtigen, dass Menschenleben in Gefahr kommen.

Eine weitere Form von Schadsoftware sind Trojanische Pferde (kurz Trojaner). Ein Trojaner ist ein Computerprogramm, welches neben einer meist nützlichen Funktion auch ohne das Wissen des Users eine schädliche Funktion hat. Der Trojaner beeinträchtigt die Leistung eines Rechners und kann zudem Angreifern den Zugriff auf diesen Rechner erleichtern oder ihnen sogar Administrator Rechte ermöglichen. Außerdem kann ein Trojaner dazu dienen, Benutzerdaten und Passwörter auszuspionieren. All das könnte Terroristen ermöglichen Zugriff auf IT-Systeme kritischer Infrastruktur zu erhalten und diese möglicherweise zu steuern und damit bewusst Fehlfunktionen herbeizuführen(vgl. Chu, Deng, Chao, & Huang, 2009, S.7).

Neben dem Einsatz von Malware kann zudem auf sogenannte Denial of Service (DoS) Attacken zurückgegriffen werden. Das Ziel einer solchen Attacke ist es, die Ressourcen des angegriffenen Systems auszulasten, sodass dieses seine Leistungen nicht mehr erfüllen kann. Dies wird erreicht, indem der Angreifer eine große Anzahl von sinnlosen Anfragen an das System richtet. Geschieht dies koordiniert durch eine Vielzahl an Computern, spricht man von einer distributed Denial of Service (dDoS) Attacke (vgl. Chu, Deng, Chao, & Huang, 2009, S.6). Um einen solchen Angriff durchzuführen, werden oftmals sogenannte Zombie Hosts verwendet. Dabei handelt es sich um Computer, die von Viren, Trojanern oder Würmern befallen sind, und es dem Angreifer erlauben, ohne das Wissen des betroffenen Users, Anfragen von dessen Computer zu senden. Ein Zusammenschluss vieler Zombies zum Zweck einer zielgerichteten Attacke, wird Botnetz genannt und eignet sich ideal, um tausende sinnlose Anfragen zum Zweck einer dDoS Attacke abzusenden (vgl. Chu, Deng, Chao, & Huang, 2009, S.6). DDoS Angriffe sind ein sehr häufig eingesetztes Werkzeug im Bereich der Internetkriminalität. Der Internetpionier Vinton Cerf geht davon aus, dass etwa 25 Prozent aller Rechner im Internet Teil eines Botnetzes sind (zit. n. Ziemann, 2007). Das zeigt, wie leicht das Internet für eine dDoS Attacke zu missbrauchen ist. Dementsprechend erfolgsversprechend ist diese Methode auch für Terroristen, die damit beispielsweise Sicherheitssysteme lahmlegen und dadurch Menschenleben in Gefahr bringen könnten.

Doch die bisher vorgestellten Möglichkeiten von Angriffen können Terroristen nicht nur dazu dienen, Menschen zu töten oder zu verletzen. Sie könnten auch eingesetzt werden, um wirtschaftlichen oder gesellschaftlichen Schaden anzurichten. Denkbar wären in diesem Zusammenhang dDoS Angriffe auf Stromnetze oder Bankensysteme, die einen nachhaltigen wirtschaftlichen Schaden verursachen könnten. Dies bringt auch Condoleezza Rice, in der bereits in der Einleitung zitierten Rede zum Ausdruck:

„*Cyber space has become a component of our economy.* [...] *The work of almost all branches of the country's economy, including energy, transport and communications, banking sphere use computer networks, and, thus, branches depend on the capacity of these networks. The breakage of these networks may paralyze the whole country*" (zit. n. Czerpak, 2005).

Es wird deutlich, wie viel Schaden durch gezielte dDoS Attacken angerichtet werden könnte, und wie reizvoll solche Angriffe für Terroristen sind. Sie könnten damit Macht demonstrieren, den Feind schwächen und ihre politischen Ziele untermauern. Dafür ist nicht zwangsläufig der Tod von Menschen notwendig.

Voraussetzung für den Einsatz all dieser Technologien ist jedoch, dass sich die Angreifer in irgendeiner Form Zugriff auf die Computersysteme ihrer Ziele verschaffen können. Sei es über das Internet, ein sonstiges Netzwerk oder über direkten physischen Zugang zu den betroffenen Rechnern (beispielsweise via USB Sticks). Wie realistisch es ist, dass kritische Infrastrukturen über das Internet oder auf eine andere Weise angreifbar sind, soll im Folgenden diskutiert werden.

4 Wie real ist die Gefahr?

Um die Frage zu klären, wie real die Gefahr ist, die von Cyberterrorismus ausgeht, müssen verschiedene Faktoren berücksichtig werden. Denning fasst diese in zwei Kategorien zusammen:

> *„To understand the potential threat of cyber terrorism, two factors must be considered: first, whether there are targets that are vulnerable to attack that could lead to violence or severe harm, and second, whether there are actors with the capability and motivation to carry them out"* (zit. n. Stohl, 2007).

Um den ersten der von Denning ausgemachten Faktoren, nämlich das Vorhandensein verwundbarer Ziele zu untersuchen, ist es von Interesse sich mit bisherigen Vorfällen im Bereich von Computerattacken zu beschäftigen, die eine solche Verwundbarkeit deutlich machen.

4.1 Bisherige Vorfälle

Dass Cyberterroristen das Internet nutzen, um ihre Propaganda zu verbreiten und Angst zu schüren, wurde bereits im Abschnitt 3.1 verdeutlicht und entsprechende Vorfälle der Vergangenheit benannt. Diese Bedrohung ist real und besteht bereits. Einen Angriff durch Terroristen auf kritische Infrastrukturen, wie in 3.2 beschrieben, gab es bisher hingegen noch nicht (vgl. Chu, Deng, Chao, & Huang, 2009, S.7). Dennoch gab es einige nicht von Terroristen durchgeführte Angriffe, die die Verwundbarkeit der bestehenden IT-Netzwerke deutlich machen.

Im Dezember 2010 machten sich Unterstützer der Whistleblower-Plattform Wikileaks dDoS Attacken zu Nutze, um diverse Webseiten lahmzulegen. Davon betroffen waren die Seiten von Mastercard und Visa, der Schweizer-Postfinanz-Bank sowie der schwedischen Staatsanwaltschaft. Die Aktivisten, die sich unter dem Namen „Operation Payback" zusammengeschlossen haben, nutzten die Attacken als eine Form des „modernen Protests" (vgl. Kuri & DPA, 2010). Ziel war es, denjenigen Schaden zuzufügen, die sich zuvor gegen Wikileaks gestellt hatten.

Die Angriffe zu koordinieren und durchzuführen gestaltete sich dabei relativ simpel. Die Unterstützer luden sich ein einfaches Tool namens „Low Orbit Ion Cannon" auf ihren Rechner. Anschließend gaben sie in dem Tool die Adresse des Servers ein, der zur Koordination des Angriffs verwendet wird, welcher dann sämtliche teilnehmende Rechner nutzen kann, um Anfragen über das Internet zu versenden. Es handelt sich dabei demnach um eine Art „freiwilliges Botnetz". Im Falle der Schweizer Postbank reichten bereits etwa 400 teilnehmende Rechner, um einen erfolgreichen dDoS-Angriff durchzuführen, während bei der Attacke auf Visa mehrere tausend User beteiligt waren (vgl. Janssen, Kuri, & Schmidt, 2010).

Die Vorfälle zeigen, dass selbst weltweit operierende Unternehmen gegen diese Art von Angriffen quasi machtlos sind; und das bei einer relativ kleinen Anzahl an Angreifern. Natürlich gilt es zu betonen, dass es sich hierbei um einen freiwilligen Zusammenschluss handelt. Doch auch mit Hilfe von Trojanern oder Viren ist es ein Leichtes ein Botnetz dieser Größenordnung aufzubauen. Im Jahr 2008 wurde ein Botnetz namens Kraken bekannt, das aus etwa 400.000 Drohnen bestanden haben soll, darunter sogar 50 der Fortune-500-Unternehmen. Dieses wurde zum Versenden von Spam-Mails eingesetzt, könnte bei seiner Größenordnung jedoch durchaus zu anderen Zwecken eingesetzt werden (vgl. Knop, 2008).

Im Jahr 2007 zeigte sich zudem, dass auch staatliche Computersysteme vor Angriffen aus dem Internet nicht gefeit sind. Nach einer dDoS Attacke waren Banken, Behörden, Polizei und Regierung in Estland tagelang lahmgelegt. Der Angriff war gut organisiert und führte sogar dazu, dass der Notruf nicht mehr richtig funktionierte. Es war ein Angriff „bei dem es um Leben und Tod ging", unterstreicht der estnische Präsident Toomas Hendrik Ilves im Hinblick auf die Blockade des Notrufs. Nur da sein Land verhältnismäßig gut auf solche Angriffe vorbereitet gewesen sei, habe der Schaden in Grenzen gehalten werden können so Ilves weiter (vgl. Gieselmann, 2007, Tomik, 2007). Dieser Vorfall gilt als der bisher schwerste Cyberangriff auf einen Staat und macht deutlich, dass kaum eine IT-Infrastruktur gegen Angriffe dieser Art gewappnet ist.

Auch ein weiterer, besonders besorgniserregender Vorfall im Jahr 2010 zeigt, wie real die Bedrohung durch Attacken auf IT-Systeme ist: der sogenannte Stuxnet Wurm. Die Schadsoftware, dessen Urheber unbekannt ist, greift gezielt Industrieanlagen der Firma Siemens an (vgl. Bachfeld, 2010). Eine genaue Analyse von Stuxnet brachte zu Tage, dass das Ziel des Wurms mit hoher Wahrscheinlichkeit

iranische Atomkraftwerke waren. Durch die iranische Regierung wurde bestätigt, dass Rechner des Atomkraftwerkes Buschehr mit dem Wurm infiziert worden waren (vgl. Wilkens, 2010). Die Wirkung von Stuxnet fasst der Spiegel so zusammen: „Er sollte die Anlagen ganz subtil manipulieren, die Prozesse der Uran-Anreicherung kaum spürbar aber wirkungsvoll unterwandern. Das Ergebnis wäre minderwertiges Uran gewesen" (Kremp, 2010). Um dies zu erreichen sollte der Wurm die zur Pumpen- und Ventilsteuerung eingesetzten speicherprogrammierbaren Steuerungen befallen und diverse Codebausteine austauschen. Dabei sollte er seinen Schöpfern sogar Fernzugriff auf die Steuerungsanlagen verschaffen, und ihnen möglich machen deren Verhalten zu ändern (vgl. Bachfeld, 2010). Fehlfunktionen der Steuerungsanlagen hätten im weiteren Verlauf zu einer Notabschaltung führen können, welche hohe Risiken birgt. Der russische Botschafter bei der NATO, Dimitry Rogozin spricht sogar davon, dass eine Kernschmelze möglich gewesen sei und damit ein „zweites Terschnobyl" hätte ausgelöst werden können (vgl. Bachfeld, Russland: Stuxnet hätte zweites Tschernobyl auslösen können, 2011).

Dieser Vorfall ist alarmierend, denn er macht deutlich, dass auch die womöglich kritischsten Infrastrukturen angreifbar sind. Auch der Sprecher des deutschen Innenministeriums machte in Stuxnet eine neue Qualität im Hinblick auf die IT-Bedrohungslage aus: "Mit Stuxnet wurde die Angreifbarkeit von geschützten Systemen durch sehr professionell agierende Täter demonstriert" (Krüger, 2010). Zudem ist unklar, ob die Gefahr durch Stuxnet bereits vollständig gebannt ist, da Kopien des Wurms im Untergrund verkauft werden, wie auch Ex-Innenminister Thomas de Maizière bestätigte. Durch Modifikationen könnte Stuxnet auch für Angriffe auf andere Ziele genutzt werden. So glauben britische Sicherheitsspezialisten, dass die Transportstruktur im gesamten Land lahmgelegt werden könnte (vgl. Bachfeld, De Maizière: Es gibt bereits Stuxnet-Kopien , 2011).

Die geschilderten Vorfälle zeigen, dass der erste Faktor den Denning als wesentlich für die Gefahr ausmacht die von Cyberterrorismus ausgeht, durchaus gegeben ist: Es gibt verwundbare Ziele in den IT-Netzwerken der ganzen Welt und sogar Regierungsserver und Atomanlagen sind potentiell angreifbar.

4.2 Fähigkeiten und Motivation von Terroristen

Der zweite von Denning beschriebene Faktor befasst sich damit, ob es Akteure gibt, die Fähigkeiten und die entsprechende Motivation dazu haben, cyberterroristische Angriffe durchzuführen. In diesem Zusammenhang macht Denning die entscheidende Frage deutlich: „To determine motivation we have to ask not simply if they desire to cause harm and exploit fear but also if the investments needed to create the event are more or less ‚costly' than traditional means of terror" (Chu, Deng, Chao, & Huang, 2009, S.10). Cyberterrorismus macht demnach nur Sinn für die Akteure, wenn er mit weniger Kosten sowie Risiken verbunden ist und gleichzeitig zumindest die gleichen Auswirkungen hat wie die bisher angewendeten Methoden (zum Beispiel Selbstmordanschläge).

Um wirkungsvolle cyberterroristische Angriffe durchzuführen, ist es nötig über hohe IT-Kenntnisse zu verfügen. Die Vorstellung, dass ein einziger Hacker mit einem einfachen Knopfdruck ein tausende Kilometer entferntes Atomkraftwerk in die Luft sprengen kann, ist abwegig. Dies hat auch die Untersuchung des Stuxnet-Wurmes gezeigt. „Praktisch alle Experten stimmen überein, dass der Aufwand für Stuxnet nur mit den finanziellen und organisatorischen Ressourcen eines Staates, allenfalls eines Großkonzerns zu bewältigen war" (Rieger, 2010). Das macht deutlich, dass ein erheblicher Aufwand nötig ist, um Anschläge dieser Größenordnung durchzuführen. Zudem müssen Fachleute rekrutiert werden, die über entsprechende Kenntnisse verfügen. All dies stellt erhebliche Hindernisse für Terroristen dar.

Denning kommt daher zu dem Schluss, dass der Effekt den cyberterroristische Anschläge derzeit haben könnten, nicht in Relation zu dem dafür notwendigen Aufwand steht und es keinen klar ersichtlichen Grund für Terroristen gibt, von bisher bewährten Methoden abzuweichen:

> „Further, terrorists may be disinclined to try new methods unless they see their old ones as inadequate, particularly when the new methods require considerable knowledge and skill to use effectively. [...] For now, the truck bomb poses a much greater threat than the logic bomb" (Stohl, 2007, S.11).

Die Situation könnte sich jedoch ändern und es gibt auch Argumente, die dafür sprechen, dass Terroristen ihre Angriffe auf den Cyberspace ausweiten. Cyberrorismus bietet aus psychologischer Sicht das Potential ein besonderes Maß an Angst und Schrecken zu verbreiten. „The word cyber terrorism brings together

two significant modern fears: the fear of technology and the fear of terrorism. Both technology and terrorism are significant unknowns" (zit. n. Stohl, 2007, S.3), erklärt Lazarus. Das Unbekannte ist aus psychologischer Sicht eng mit Angst verbunden. Hinzu kommt, dass vor allem durch Medien zu oft Beziehungen hergestellt werden zwischen dem was Angriffe auf Computer bewirken könnten und dem was tatsächlich realistisch ist (Stohl, 2007, S.3).

Natürlich liegen die Vorteile des Cyberterrorismus für Terroristen zudem in der Möglichkeit von ihren Camps aus über das Internet fremde Länder angreifen zu können. Zudem ist die Wahrscheinlichkeit dafür bestraft zu werden sehr gering. Die Anonymität und Möglichkeiten die das Internet bieten könnten für Terroristen von entscheidender Bedeutung sein.

Dass Terroristen um diese Möglichkeiten von IT-Systemen wissen ist offensichtlich und nicht zuletzt daran zu erkennen, dass sie das Internet bereits für Planung, Kommunikation, Rekrutierung und zur Geldbeschaffung nutzen. Vorfälle wie die Entdeckung des Stuxnet Wurms oder die dDoS Angriffe auf Estland, die die Verwundbarkeit der weltweiten IT-Infrastruktur deutlich machen, dürften auch Terroristen nicht entgangen sein. Zudem wird vermutet, dass der Irak an einem Netzwerk namens Iraq Net arbeiten, welches möglicherweise zu Cyber-Attacken genutzt werden könnte. „Iraq Net, which was designed to overwhelm cyber-based infrastructures by DDoS and other cyber attacks, consists of a cluster of more than 100 web sites located throughout the world" (Chu, Deng, Chao, & Huang, 2009, S.6). Es ist dementsprechend abzusehen, dass Cyberterroristen ihre IT-Kenntnisse ausbauen werden und die Gefahr des Cyberterrorismus nicht ignoriert werden sollte.

4.3 Darstellung in Politik und Medien

Obwohl die Gefahr real ist, muss betont werden, dass bisher noch kein Fall existiert, bei dem Cyberterrorismus Schäden (in Form von Menschenleben oder an Infrastrukturen) verursacht hat, die mit den Auswirkungen traditioneller terroristischer Methoden vergleichbar sind. Nichtsdestotrotz erwecken Medienberichte und Aussagen von hochrangigen Offiziellen oft den Anschein, als wäre die Bedrohung imminent. Auch Stohl macht eine große Lücke zwischen der mutmaßlichen Bedrohung und dem bekannten Verhalten von Terroristen aus (vgl. Stohl, 2007, S.4).

Begriffe wie „digitales Pearl Harbor" oder der Vergleich von Cyberterrorismus mit einem Raketenangriff werden wider besseren Wissens in den Medien verbreitet. Die Gründe für diese häufige Überzeichnung der Gefahr sind vielschichtig. „Cyber terror concerns serve many different and often unconnected actors, whose collective needs are served by keeping the threat on the public's list of concerncs" (Stohl, 2007, S.5).

Die von Stohl gemeinten Akteure können beispielsweise Politiker sein, die persönliche Interessen verfolgen, wie zum Beispiel Richard J. Clarke. Clarke betonte immer wieder die Gefahren eines elektronischen Pearl Harbors, bis er schließlich nach 9/11 zum persönlichen Cyber-Sicherheits-Berater von Präsident Bush ernannt wurde.

Aber auch um ganzheitliche politische Entscheidungen zu rechtfertigen, nutzen Politiker das Schlagwort Cyberterrorismus. Im Herbst 2001, als die Bush-Regierung begann die Verbindung zwischen Saddam Hussein und al-Qaeda bekannt zu machen, wurde auch der Irak mit Cyberterrorismus in Verbindung gebracht. Ein FBI Offizieller sprach davon, dass die al-Qaeda das Internet als ein „Tool of Bloodshed" einsetzen werde (vgl. Stohl, 2007, S.6). Somit wurde auch Cyberterrorismus ein Teil der Kampagne zur Rechtfertigung des Irak-Kriegs.

In Deutschland sind Online-Durchsuchungen ein medial viel beachtetes Thema. Politiker wie Wolfgang Schäuble versuchen einen solchen Eingriff in die Privatsphäre zu rechtfertigen und können in diesem Zusammenhang mit der Gefahr des Cyberterrorismus argumentieren.

Zu den Akteuren, die von einer überzogenen Darstellung profitieren gehören offensichtlich auch Sicherheitsfirmen. Diese sollen uns vor Terroristen schützen und wollen ihre Produkte verkaufen. Je präsenter die Gefahr durch Cyberterrorismus ist, desto größer ist die Angst und desto mehr Absatz können solche Firmen machen. Daher sind auch Statistiken bezüglich Sicherheitslücken und Angriffen stets kritisch zu betrachten, wie auch Stohl feststellt: „security firms have been quick to build upon the survey to their own benefit" (Stohl, 2007, S.5).

Es gibt also eine Vielzahl von Akteuren, die Interesse daran haben, dass das Thema Cyberterrorismus auf der Agenda bleibt. Daraus folgen viele überzogene Darstellungen der Gefahr. Nichtsdestotrotz steckt auch Wahrheit in den Aussagen und Berichten, denn Cyberterrorismus ist ein reales Problem.

14

5 Gegenmaßnahmen

Als Indikator für das Ausmaß der Gefahr können auch die Gegenmaßnahmen herangezogen werden, die von Regierungen ergriffen werden. Diese sollen im Folgenden zusammengefasst werden.

Auf einer Sicherheitskonferenz im Juli 2010 machte Michael Hayden, ehemaliger Direktor von CIA und NSA den Cyberspace als fünftes Schlachtfeld nach Luft, Boden, Wasser und Weltall aus (vgl. Wilkens, Ex-CIA-Direktor fordert Ächtung des Cyber-Kriegs, 2010). Diese Sichtweise vertreten mittlerweile viele hochrangige Politiker auf der ganzen Welt und die Bemühungen bessere Sicherheitsbedingungen im Internet zu schaffen, werden intensiviert. Hintergrund hierfür ist nicht allein Cyberterrorismus, sondern vor allem Cyberkriminalität, sowie Cyberspionage. Letztlich ist der Grund für das Bestreben nach mehr Sicherheit jedoch irrelevant, denn wenn der Cyberspace insgesamt sicherer wird, so wird auch die Gefahr durch Cyberterrorismus reduziert.

Um bessere Sicherheitsvorkehrungen zu erreichen, ist vor allem internationale Zusammenarbeit von zentraler Bedeutung. Diese wurde in den vergangenen Jahren auch immer weiter vorangetrieben. Im Jahr 2008 wurde von der NATO in Estland das sogenannte *Cooperative Cyber Defence Centre of Excellence* eröffnet. Pläne hierfür hatte es schon länger gegeben, als Anlass gilt jedoch unter anderem der Angriff auf estnische Regierungsserver im Jahr 2007. Ziel dieser Einrichtung ist es Forschung und Ausbildung im Bereich der Cyber-Kriegsführung durchzuführen. „It will help NATO defy and successfully counter the threats in this area", (zit. n. McMillan, 2008) glaubt James Mattis, ein Vertreter des Bündnisses. 30 Experten aus sieben verschiedenen Ländern sollen hier daran arbeiten den Cyberspace sicher zu machen.

Auch in Asien wurde ein entsprechendes Bündnis geschlossen. In einer Gruppe namens *The International Multilateral Partnership Against Cyber Threats* schlossen sich 26 Länder (u.a. die USA und Russland) zusammen. „Ziel dieser nach eigenen Aussagen ersten multilateralen Vereinigung aus Unternehmen und Behörden zum Kampf gegen den Cyberterrorismus ist es, Regierungen, Branchengrößen der IT und Experten für Cybersicherheit zusammenzubringen." (Marwan, 2008).

15

Zudem versuchen selbstverständlich auch die Staaten selbst, die Sicherheitsvorkehrungen für ihre IT-Strukturen zu erhöhen und Abwehrmechanismen zu entwickeln. Vorreiter sind hier die USA, die Milliarden investieren, „um die Gefahren des Cyber-Terrorismus zu analysieren, zu bewerten und Maßnahmen vorzubereiten und umzusetzen" (Hutter, 2002). Diese Aktivitäten manifestieren sich nun zudem in einer im Oktober 2010 neugegründeten Behörde, dem *United States Cyber Command* oder kurz *USCYBERCOM*. Zu den Zielen der Behörde heißt es offiziell:

> *"USCYBERCOM plans, coordinates, integrates, synchronizes, and conducts activities to: direct the operations and defense of specified Department of Defense information networks and; prepare to, and when directed, conduct full-spectrum military cyberspace operations in order to enable actions in all domains, ensure US/Allied freedom of action in cyberspace and deny the same to our adversarie"* (Department of Defense Office of Public Affairs, 2010).

Auch in Deutschland wurde die Einführung einer ähnlichen Behörde beschlossen. Im Jahr 2011 wird ein „Cyber-Abwehrzentrum" aufgebaut, welches den Informationsfluss zwischen den einzelnen Behörden (Verfassungsschutz, Bundesnachrichtendienst, Bundeskriminalamt und andere) verbessern soll. „Zudem könnten dort Angriffe analysiert und Handlungsempfehlungen abgestimmt werden", so ein Sprecher (zit. n. Krüger, 2010).

Aber auch viele andere Länder rüsten im Kampf gegen Cyber-Kriminalität auf. Die britische Regierung beispielsweise investiert nach eigenen Angaben rund eine halbe Milliarde Pfund in den Schutz vor Computer-Attacken, obwohl der Verteidigungsetat insgesamt gesunken ist (vgl. Klimke, 2010).

Es zeigt sich also, dass viel unternommen und investiert wird, um den Cyberspace sicherer zu machen. Das ist auch dringend nötig, wie Hayden deutlich macht:

> *„Die ‚Cyber-Flanke' sei offen. Alles, was online verfügbar sei, könne attackiert werden. Das Internet sei flach wie die norddeutsche Tiefebene angelegt und begünstige daher Invasionen. Das Internet benötige – in Analogie zum Krieg in der realen Welt – Flüsse und Berge, geografische Grenzen, die bei der Verteidigung helfen. Zudem sei es nicht möglich, die Angreifer eindeutig zu identifizieren. Es müsse also mehr getan werden, um die Verteidigung zu stärken und die Angreifer zur Rechenschaft ziehen zu*

können" (Wilkens, Ex-CIA-Direktor fordert Ächtung des Cyber-Kriegs, 2010).

Dies ist nur möglich, wenn die internationale Zusammenarbeit auf dem Gebiet fortgeführt und intensiviert wird.

17

6 Fazit und Ausblick

In dieser Arbeit wurde gezeigt, dass Cyberterrorismus eine reale und ernst zu nehmende Gefahr darstellt. Zum Zwecke der Verbreitung von Propaganda wird das Internet bereits von Terroristen missbraucht, um Angst unter der Weltbevölkerung zu schüren. Auch für „digitale Anschläge" wird der Cyberspace zunehmend interessanter für Terroristen. Zum Einen liegt dies daran, dass die Menge der potentiellen Ziele von Tag zu Tag größer wird und zum Anderen hat sich gerade in der jüngeren Vergangenheit gezeigt, dass kritische Infrastrukturen teils mit überschaubarem Aufwand lahmzulegen oder zu manipulieren sind. Insbesondere der Stuxnet Wurm sollte ein deutliches Warnsignal dafür sein, dass die Sicherheitsstrukturen, wie sie derzeit umgesetzt sind, unzureichend sind.

Es erscheint nahezu verwunderlich, dass Terroristen bisher noch keine direkten Angriffe mit Hilfe von IT durchgeführt haben, und es ist durchaus wahrscheinlich, dass sich dies in Zukunft ändert. Auf der anderen Seite gilt es zu betonen, dass zum jetzigen Zeitpunkt klassische terroristische Anschläge (beispielsweise mit Hilfe von Bomben) immer noch die weitaus größere Gefahr darstellen. Dies darf jedoch kein Grund sein, die Sicherheitsbemühungen im Bereich des Cyberspace zu vernachlässigen.

Die jüngsten Gründungen von „Cyber-Abwehrzentren" in Deutschland und den USA zeigen, dass das Problem auch in der Politik entsprechend ernst genommen und angegangen wird. Da das Internet und IT im Allgemeinen zu einer essentiellen Grundlage unseres gesellschaftlichen und wirtschaftlichen Lebens geworden sind, gilt es diese zu schützen und Sicherheitsstrategien gegen Angreifer zu entwickeln. Dies muss die Aufgabe von Behörden und Sicherheitsfirmen zugleich sein und kann nur mit Hilfe einer guten internationalen Zusammenarbeit gewährleistet werden.

Abschließend lässt sich festhalten, dass Cyberterrorismus eine bedeutsame Gefahr des 21. Jahrhunderts darstellt und der Cyberspace als ein wichtiges Schlachtfeld der Moderne angesehen werden kann. Es gilt diesen Gefahren gegenüber wachsam zu sein und die Sicherheitsstrukturen nachhaltig zu verbessern, um Terroristen den Weg für Cyberattacken von vorne herein zu verbauen.

18

Literaturverzeichnis

AP. (8. September 2007). *Neue Videobotschaft von Bin Laden: "Ich lade euch ein, den Islam anzunehmen"* . Abgerufen am 7. März 2011 von Stern: http://www.stern.de/politik/ausland/neue-videobotschaft-von-bin-laden-ich-lade-euch-ein-den-islam-anzunehmen-597207.html

Bachfeld, D. (26. Januar 2011). *De Maizière: Es gibt bereits Stuxnet-Kopien* . Abgerufen am 7. März 2011 von heise: http://www.heise.de/newsticker/meldung/De-Maiziere-Es-gibt-bereits-Stuxnet-Kopien-1177017.html

Bachfeld, D. (28. Januar 2011). *Russland: Stuxnet hätte zweites Tschernobyl auslösen können*. Abgerufen am 7. März 2011 von heise: http://www.heise.de/newsticker/meldung/Russland-Stuxnet-haette-zweites-Tschernobyl-ausloesen-koennen-1179402.html

Bachfeld, D. (16. September 2010). *Stuxnet-Wurm kann Industrieanlagen steuern*. Abgerufen am 7. März 2011 von heise: http://www.heise.de/newsticker/meldung/Stuxnet-Wurm-kann-Industrieanlagen-steuern-1080584.html

Chu, H.-C., Deng, D.-J., Chao, H.-C., & Huang, Y.-M. (28. Juni 2009). Next Generation of Terrorism: Ubiquitous Cyber Terrorism with the Accumulation of all Intangible Fears. *Journal of Universal Computer Science, vol. 15, no. 12* .

Czerpak, P. (2005). *The European Dimension of the Fight against Cyber-terrorism*. Abgerufen am 7. März 2011 von magnesium: http://www.magnesium.net/~negative/citations/CFSP.pdf#page=309

Department of Defense Office of Public Affairs, U. (25. Mai 2010). *U.S. Cyber Command Fact Sheet*. Abgerufen am 7. März 2011 von US Department of Defense: http://www.defense.gov/home/features/2010/0410_cybersec/docs/CYberFactSheet%20UPDATED%20replaces%20May%2021%20Fact%20Sheet.pdf

19

DPA/AP. (12. Mai 2004). *Köpfung vor laufender Kamera*. Abgerufen am 7. März 2011 von
Stern: http://www.stern.de/politik/ausland/irak-koepfung-vor-laufender-kamera-
523880.html

Gieselmann, H. (28. April 2007). *Unbekannte attackieren estländische Regierungs-
Webseiten*. Abgerufen am 7. März 2011 von heise:
http://www.heise.de/newsticker/meldung/Unbekannte-attackieren-estlaendische-
Regierungs-Webseiten-172971.html

Heath, N., & Beiersmann, S. (10. März 2008). *Nato-Sicherheitsexperte warnt vor Krieg im
Internet*. Abgerufen am 7. März 2011 von zdnet:
http://www.zdnet.de/news/wirtschaft_sicherheit_security_nato_sicherheitsexperte_warnt
_vor_krieg_im_internet_story-39001024-39188179-1.htm

Hutter, R. (10. November 2002). *"Cyber-Terror": Risiken im Informationszeitalter* .
Abgerufen am 7. März 2011 von Bundeszentrale für politische Bildung:
http://www.bpb.de/publikationen/NVN0CA,5,0,CyberTerror:_Risiken_im_Informationszeit
alter.html#art5

Janssen, J.-K., Kuri, J., & Schmidt, J. (9. Dezember 2010). *Operation Payback: Proteste per
Mausklick*. Abgerufen am 7. März 2011 von heise:
http://www.heise.de/ct/artikel/Operation-Payback-Proteste-per-Mausklick-1150151.html

Klimke, B. (18. Oktober 2010). *Großbritannien - Aufrüsten gegen Internet-Terror*. Abgerufen
am 7. März 2011 von Frankfurter Rundschau: http://www.fr-online.de/politik/aufruesten-
gegen-internet-terror/-/1472596/4754950/-/index.html

Knop, D. (8. April 2008). *Der Krake: Botnetz doppelt so groß wie Sturm-Wurm-Netz*.
Abgerufen am 7. März 2011 von heise: http://www.heise.de/security/meldung/Der-Krake-
Botnetz-doppelt-so-gross-wie-Sturm-Wurm-Netz-197427.html

Kremp, M. (16. 11 2010). *Stuxnet sollte Irans Uran-Anreicherung stören*. Abgerufen am 7.
März 2011 von Spiegel Online:
http://www.spiegel.de/netzwelt/gadgets/0,1518,729329,00.html

20

Krüger, A. (22. Dezember 2010). *Netzattacken: Wie sich die Regierung wappnet.* Abgerufen am 7. März 2011 von ZDF: http://www.heute.de/ZDFheute/inhalt/13/0,3672,8175629,00.html

Kuri, J., & DPA. (9. Dezember 2010). *Wikileaks: ddoS-Angriffe, politische Manöver und neue Veröffentlichungen.* Abgerufen am 7. März 2011 von heise: http://www.heise.de/newsticker/meldung/Wikileaks-dDoS-Angriffe-politische-Manoever-und-neue-Veroeffentlichungen-1150095.html

Lourdeau, K. (2004, Februar 24). *Testimony of Keith Lourdeau Before the Senate Judiciary Subcommittee on Terrorism, Technology, and Homeland Security.* Retrieved März 7, 2011, from FBI: http://www2.fbi.gov/congress/congress04/lourdeau022404.htm]

Marwan, P. (27. Mai 2008). *Cyberterrorismus: Zwischen Panikmache und realer Bedrohung.* Abgerufen am 7. März 2011 von ZDNET: http://www.zdnet.de/it_business_hintergrund_cyberterrorismus_zwischen_panikmache_und_realer_bedrohung_story-11000006-39191266-1.htm

McMillan, R. (15. Mai 2008). *NATO to Set up Cyber Warfare Center.* Abgerufen am 7. März 2011 von PCWorld: http://www.pcworld.com/businesscenter/article/145916/nato_to_set_up_cyber_warfare_center.html

National Press Office, F. (12. März 2004). *Nicholas Berg – U.S.Citizen Slain in Iraq.* Abgerufen am 7. März 2011 von FBI: http://www2.fbi.gov/pressrel/pressrel04/051204berg.htm

Rieger, F. (18. November 2010). *Computerwurm Stuxnet - Die Angreifer kannten ihr Ziel genau.* Abgerufen am 7. März 2011 von Frankfurter Allgemeine Zeitung: http://www.faz.net/s/RubCEB3712D41B64C3094E31BDC1446D18E/Doc~E9AD40CF070C54 2C4BA127F065AC97833~ATpl~Ecommon~Scontent.html

Stohl, M. (2007). *Cyber terrorism: a clear and present danger, the sum of all fears, breaking point or patriot games?* Abgerufen am 7. März 2011 von Springer Science + Business Media: http://ceps.anu.edu.au/publications/pdfs/stohl_pubs/stohl_cyber_terrorism_a_clear_and_present_danger.pdf

21

Symantec. (o. J.). *Was ist Cyberkriminalität?* Abgerufen am 7. März 2011 von Norton: http://de.norton.com/cybercrime/definition.jsp

Tomik, S. (18. Juni 2007). *Estland im Visier - Ist ein Internetangriff der Ernstfall?* Abgerufen am 7. März 2011 von Frankfurter Allgemeine Zeitung: http://www.faz.net/s/RubDDBDABB9457A437BAA85A49C26FB23A0/Doc~E7CCF88CEFB6F4 67BB8D75A400C07B959~ATpl~Ecommon~Scontent.html

Wilkens, A. (30. Juli 2010). *Ex-CIA-Direktor fordert Ächtung des Cyber-Kriegs.* Abgerufen am 7. März 2011 von heise: http://www.heise.de/newsticker/meldung/Ex-CIA-Direktor-fordert-Aechtung-des-Cyber-Kriegs-1048759.html

Wilkens, A. (26. September 2010). *Iran bestaetigt Cyber Angriff durch Stuxnet.* Abgerufen am 7. März 2010 von heise: http://www.heise.de/newsticker/meldung/Iran-bestaetigt-Cyber-Angriff-durch-Stuxnet-Update-1096365.html

Ziemann, F. (30. Januar 2007). *Jeder vierte Internet-PC ein Zombie?* Abgerufen am 7. März 2011 von PC-Welt: http://www.pcwelt.de/news/Jeder-vierte-Internet-PC-ein-Zombie-226667.html